FALKEN FARBIG

Ilse Krohn

Gestalten mit Naturmaterialien

Zweige, Kerne, Federn, Muscheln und anderes

FALKEN VERLAG

CIP-Kurztitelaufnahme der Deutschen Bibliothek

Krohn, Ilse:
Gestalten mit Naturmaterialien: Zweige, Kerne, Federn, Muscheln u. a. / von Ilse Krohn. – Niedernhausen/Ts.: Falken-Verlag, 1982.
(Falken farbig)
ISBN 3-8068-5128-X

ISBN 3 8068 5128 X

Die Ratschläge in diesem Buch sind von Autor und Verlag sorgfältig erwogen und geprüft, dennoch kann eine Garantie nicht übernommen werden. Ein Haftung des Autors bzw. des Verlages und seiner Beauftragten für Personen-, Sach- und Vermögensschäden ist ausgeschlossen.

Grafische Gestaltung: Angela Rohwedder
Fotos: Gertrud Bornhöft, Hamburg; Studio Fassnacht O. von Poschinger, Hamburg; Studio Axel Weber, Wiesbaden
Illustrationen: Angela Rohwedder
Lithographie: Industriedienst, Wiesbaden
Satz: LibroSatz, Kriftel
Druck: VOD, Heidelberg

817 2635 4453 6271

Inhalt

Einführungsgedanken

Mit meinen Kompositionen aus hauptsächlich einheimischem Sammelmaterial von Zweigen, Samen, Kernen, Kapseln, Federn und Muscheln möchte ich dokumentieren, daß es möglich ist, aus diesem unbeachteten botanischen »Abfall« Tisch-, Wand- und Schaufensterdekorationen zu gestalten, an denen man lange Freude haben kann. In Garten, Wald und Feld entdeckt man eine Fülle an Material.

Nun, nicht jeder hat einen Garten. Aber von so mancher Topfpflanze oder aus Blumengestecken läßt sich der Bestand abwechslungsreich erweitern: Einmal durch herabgefallene Blütenblätter, zum Beispiel von Geranien oder Begonien, zum anderen nach dem Abblühen durch Blütenkolben mit ihrer interessanten Struktur, wie bei der Bromelie oder der Protea.

Ich versuchte mit Erfolg kleine Orchideen so zu konservieren, daß Farbe und natürliche Gestalt erhalten blieben. Dies gelang in feinkörnigem, trockenem Salz. In diesem Frühjahr ließ ich Tulpenblätter einfach auf

dem Tisch an der Luft trocknen. Sie krümmten sich zu anmutig geschwungenen Formen. Auch bei Fruchtkapseln kommen durch das Zerlegen erst die Samen mit den oft interessanten Flächenformen oder Zeichnungen zum Vorschein. Fügt man dann die Teile zu neuen Ornamenten und Blüten zusammen oder kombiniert sie mit Samen anderer Fruchtstände, entstehen neue reizvolle Phantasiegebilde.
Es lohnt sich also, in schöpferischer Gestaltung sichtbar zu machen, was den meisten Menschen verborgen bleibt: die kleinen unerschöpflichen Wunder der Natur.
Goethe sagte einmal:
»Es ist das Schwerste im Leben,
das dich das Leichteste dünkt,
mit den Augen zu sehen,
was vor den Augen dir liegt«.

Wie lernt man Sehen, findet man Ideen?

Da ist zunächst die Blüte in der Natur zu betrachten, die Stellung der Blütenblätter, der Aufbau einer Blumenkrone.
Wenn man sich im Frühjahr einmal auf einer Wiese in Ruhe die einfachen Blumen nahe betrachtet, erkennt man erst ihre wahre Schönheit: zum Beispiel Löwenzahn! Ein mehrfacher Strahlenkranz in verschiedenen Blattlängen, durchsetzt von zarten, etwas dunkleren Staubgefäßen bildet den Blütenstand. Schaut man später den Fruchtstand (Pusteblume) mit seinen zahlreichen zarten Fallschirmchen an den Samenstengeln an, ist man fasziniert von der verschwenderischen Vielzahl an Samen, aber ebenso von der so sinnvollen, exakten Ausstattung von nur einer einzigen Blüte. Warum wird sie oft so nichtachtend übersehen?
Und all die kleinen Wiesenblumen. Ihre pastellfarbene Transparenz gegen das Sonnenlicht mit der feinstrukturierten Äderung möchte man mit dem Farbstift festhalten. Aber das Erhalten kann man auch durch Pressen erzielen. Weitere Anregungen gibt es auf Blumenausstellungen, beim Durchsehen von Musterkollektionen für Gardinenstoffe, Tapeten oder Porzellanmalerei. Sie bieten eine Fülle an floralen wie geometrischen Formenbeispielen. Manches Teppichmuster gibt Anregungen für Federmosaiken auf Wandplatten oder für Kerndekorationen auf Ostereiern, Briefkarten, Bildern. Vorlagen für Tiergestaltung findet man in Bildbänden, im Tierpark, in Museen, in Bibliotheken, im Spielwarengeschäft. Nehmen Sie am besten gute Tiernachbildungen in die Hand und drehen Sie sie in alle Richtungen, um die Körperproportionen und den typischen Ausdruck herauszubekommen. Die Eule ist ein gutes Beispiel mit ihren großen Augen oder der Hase mit den langen Ohren.
In Ihrem Sammelmaterial werden Sie bald parallele Formen entdecken und die Originale mit Freude kreativ nachgestalten. Oder Sie erfinden immer neue Kombinationen, wie beispielsweise Blüten aus Mohnkapseln, umstellt mit Schuppen der Zapfen oder zahlreichen anderen Kernen, geteilten Fruchtständen, Blättchen.

Baumfrüchte.
1
2
3
4
5
6
7
8
9
10
Samenkapseln,
Fruchtstände.
14
15
16
17
18
19
20
25
26
27
28
29
30
31
32
33
34
35
Kerne.
Samen.
39
40
41
42
43
44
45
46
47
48
49
50
Blütenstände.
56
57
58
59
60
61
62
63
64
65
66
67

Konservierte Naturmaterialien

1. Lärchenzapfen – Larix decidua
2. Kastanie – Castanea vulgaris
3. Maronenhülle – Castanea sativa
4. Lebensbaum – Thuja occidentalis
5. Platane – Platanus orientalis
6. Zypressenzapfen – Cupressus fastigiata
7. Bambuspalmzapfen – Raphia vinifera
8. Steineichel – Quercus rubra
9. Deutsche Eichel – Quercus pedunculata
10. Walnuß – Juglans regia
11. Bucheckernkapsel – Fagus silvatica
12. Ulmensamen – Ulmus glabra
13. Hainbuche – Carpinus betulus
14. Schleifenblume – Iberis sempervirens (Findel)
15. Jungfer im Grünen – Nigella damascena
16. Kornblume – Centaurea cyanus
17. Stockrose – Alcea rosea
18. Lampionblume – Physalis alkekengi
19. Pompondistel – Echinops ritro
20. Distel – Acanthus
21. Schwertlilie – Iris germanica
22. Erlenzapfen – Alnus
23. Waldrebe – Clematis
24. Weidenkätzchen – Salix caprea mas
25. Weigelie – Weigela
26. Hafer – Avena sativa
27. Sammetblume – Tagetes
28. Mohnkapsel – Papaver rhoeas
29. Rittersporn – Delphinium ajacis
30. Rhododendron
31. Salvie – Nemorosa
32. Lindenflügel – Tilia grandiflora
33. Storchschnabel – Geranium sanguineum postratum
34. Schilfrohr – Phragmites communis
35. Eukalyptus – Eucalyptus globulus
36. Pfaffenhütchen – Enonymus europaeus
37. Judassilberling, Mondviole – Lunaria annua
38. Perlhyazinthe – Muscari
39. Brennende Liebe – Lychnis chalcedonia
40. Pflaumenkern – Prunus domestica
41. Mirabellenkern – Prunus domestica ssp. syriaca
42. Pfirsichkern – Prunus amsden
43. Kirschkern – Prunus avium
44. Sonnenblumenkern – Helianthus annuus
45. Honigmelone – Semen curcurbitae
46. Bärenklau – Acanthus longifolius
47. Kapringelblume – Dimorphotheca sinuata
48. Senneschote – Foeniculi sennae
49. Apfelkern – Malus
50. Phyllanthus
51. Karadamomhülle – Delettaria cardamomum
52. Kiefernsamen – Pinus silvestris
53. Reiskörner – Oryza
54. Paprikasamen – Capsicum annuum
55. Lupinenschote – Lupinus polyphyllus
56. Stempel der Tulpe – Tulipa
57. Staubgefäße der Tulpe – Tulipa
58- Porzellanblume – Hoya
59. Iberis
60. Schafgarbe – Achillea millefolium
61. Silberdistel – Carlina acaulis
62. Fichtennadeln – Picea excelsa
63. Kiefernnadeln – Pinus silvestris
64. Bergdistel – Radix carlinae
65. Protea
66. Lavendelblüte – Lavandula officinalis
67. Hirse – Panicum
68. Mohnsamen – Papaver rhoeas
69. Weidenröschen – Epilobium augustifolium
70. Schote der Wicke – Vicia.

Das ganze Jahr über gibt uns die Natur in unendlicher Fülle Vorbilder, Anregungen und Materialien zum kreativen Gestalten.

Skelettierte Blätter und Fruchthüllen sind selten beachtete Kunstwerke der Natur. Während des Winters wurden das Blattgrün und die Weichteile durch Witterungseinflüsse und Mikroorganismen zersetzt, nur das Gewebe blieb erhalten. Man findet sie bei genauerem Hinschauen im Vorfrühling auf dem Waldboden oder in Gärten. Jede Pflanzengattung hat ihre spezielle Filigranstruktur. Am dichtesten ist das Filigran der Pappel- und Ahornblätter, es wirkt wie Tüllstoff. Die Magnolie zeigt ein senkrechtes Gerippe. Am luftigsten sind Ruskus und Gummibaumgewebe, die fast keine Querverbindungen haben.

Zur Säuberung von restlichen Hautteilchen wäscht man die Blätter und Fruchthüllen in einer Seifenlauge aus. Bei stark verschmutzten Blättern empfiehlt sich eine Bleichmittellösung, zum Beispiel mit Chlorzusatz.

Das Sammeln der **Blüten, Früchte und Fruchtstände** sollte schon im Frühjahr beginnen, beispielsweise mit den Schuppenhütchen der jungen Tannenspitzen. Dann folgen Tulpenblüten und die mit weißen Glöckchen behangenen Fruchtstände der Perlhyazinthen.

Lavendelblüten, Schleifenblumenfruchtstände, Lindensamen, Mohnkapseln, Storchschnabel, Tannennadeln und anderes mehr bereichern das Sortiment während des Sommers. Im Herbst kommen Baumfrüchte und bunte Blätter hinzu. Verschiedene

Das Sammeln und die Behandlung des Materials

Distelarten, Hortensien, Schoten und Gräser sind zu suchen.

Das gesammelte Material wird einzeln oder mit Kreppband gebündelt in luftigen Räumen aufgehängt oder in offenen Schachteln verwahrt. Man darf keine Plastiktüten verwenden, da sich leicht Schimmel bildet und das Material unbrauchbar wird.

Buntes **Herbstlaub** schneidet man, solange die Blätter noch fest am Zweig sitzen. Man stellt die Zweige für 8 bis 10 Tage etwa 15 cm tief in eine Lösung von 1 Teil Glyzerin und 2 Teile Wasser. Die Blätter verlieren zwar ihre bunte Färbung, aber sie bleiben glatt und geschmeidig.

Frisch geschnittene, **blattlose Zweige** werden gewaschen und mit einem Holzpflegemittel abgerieben. Nun kann man die Zweigform nach Wunsch korrigieren. Manchmal genügt ein kräftiges Drehen des Zweigteils um seine Achse. Ansonsten fixiert man den Zweigteil mit Bindfaden in der gewünschten Schwunglinie.

Der Trocknungsprozeß dauert mindestens eine Woche; bei kräftigen Zweigen weit länger. Danach schwingt der Zweig nicht mehr in die Ausgangsstellung zurück.

Hübsche **Einzelblätter** werden zunächst zwischen Löschblättern in dicken Büchern oder unter einem schweren Teppich gepreßt. Die erforderliche Zeit ist verschieden, je nach Dicke und Frische der Blätter. Anschließend besprüht man sie beidsei-

Von Raupen befressene Blätter.

tig mit Haarspray. So erhalten die Blätter einen mattseidigen Glanz.
Für Wandschmuck verwende ich gern einen schön strukturierten getrockneten **Baumpilz,** aus dem ich einen Zweig »herauswachsen lasse«. Zunächst wird der Pilz mit einem Sprühmittel (in der Drogerie erhältlich) desinfiziert. Dann sägt man ihn an der Rückseite plan. Zum Aufhängen sollten es zwei Ösen sein, da sonst der Pilz bei Belastung einseitig wegrutscht. Für den Dekorationszweig muß ein Loch in die Pilzoberfläche gebohrt werden. Bei Zweigen mit schwerem Besatz, zum Beispiel Kastanien oder Eicheln, empfiehlt es sich, einen zusätzlichen Halt zu geben: An zwei Stellen des kräftigsten Zweiges wird ein Nylonfaden befestigt und zu kleinen Nägeln an der Wand geführt.
Obstkerne und Samenkörner sollten reichlich bevorratet werden. Von gewaschenen und gut getrockneten Kirsch-, Pflaumen- und Pfirsichkernen muß man oft noch mit einem Messer Rückstände von Fruchtfleisch entfernen.
Die kleinen Schotensamen erfordern keine Reinigung, sie werden lediglich in offenen Pappkästen oder in Stoffbeuteln (nicht in Plastiktüten) bei guter Luftzirkulation getrocknet.
Federn, die nicht von häuslichen Ziervögeln stammen, werden mit einem Sprühmittel (in der Drogerie erhältlich) desinfiziert. Eventuell haftende Hautteilchen müssen sofort abgeschnitten werden. Luftig aufbewahrt, behalten Federn ihre irisierende Farbenpracht unbegrenzte Zeit.

Jede Baumart hat eine andere Blattgewebestruktur. Die transparenten Skelette eignen sich gut für zarte Schmetterlinge und Blüten.

Weichteilreste in den **Muscheln** entfernt man durch Auswaschen und vorsichtiges Ausbürsten. Zur Aufbewahrung werden die Muscheln in Kästen und Schubladen großzügig ausgelegt, so daß sie durch gegenseitigen Druck nicht beschädigt werden können.
Ich färbe grundsätzlich keine Naturprodukte, denn das verfälscht meiner Ansicht nach den ursprünglichen Reiz des Materials.

Montageideen

Als **Arbeitsgeräte** benötigt man Schnitzmesser, Bohrer, Laubsäge, Schere, Pinzette, Stecknadeln, Pinsel und Klebstoff. Ich benutze Rudolfix 333, einen Kontaktkleber auf Gummibasis. Er bleibt mehrere Stunden elastisch. Das ist wichtig beim Arbeiten, falls man eine Korrektur vornehmen will.
Man muß sowohl am Montageteil als auch an der Kontaktstelle Klebstoff anbringen, ihn etwas antrocknen lassen und danach die Materialien mit vorsichtigem Druck verbinden. Nur bei sehr kleinen Samen und fadenähnlichen Stielen empfiehlt es sich, sofort in den nassen Klebstoff zu setzen. So erzielt man dauernde Haltbarkeit.

1

1 Zart und verspielt wirkt diese Phantasieblüte. Lindensamen umgeben eine Mohnkapsel.

2 Ulmensamen werden um eine Steineichel gruppiert.

3 Die weißen Perlhyazinthenfruchtstände sind einfach zu montieren. Die hohlen Stengel werden auf die Zweigspitzen gesteckt und fixiert.

4 Eine Minimohnkapsel wird mit Bucheckernblättchen umstellt.

5 Minimohnkapseln sind unter dem Kranz mit Kreiskörnern und den Samen des Kapkörbchens beklebt.

6 Gartenmohnkapseln werden mit Sonnenblumenkernen zur Blüte arrangiert.

7 Eine festliche Wirkung erzielt man mit den silbrigen Fruchtscheidewänden der Mondviole.

8 Die Oberflügel des kleinen Schmetterlings aus Judassilberlingen verzieren Fichtensamen. An den hinteren Flügeln leuchten Sterne der Porzellanblume.

9 Um die Pfirsichkernmitte werden Pflaumenkerne geklebt. Als Kontrast eignen sich Steineicheln. Zur Auflokkerung der Zweigdekoration passen Rittersporn, Bucheckern, kleine Disteln und Berberitzenblätter sowie Segmente der Kastanienschalen.

10 Naturgetreu erscheint diese große Blüte. Eine Kastanie wurde in einen Kranz aus den Samenflügeln der Linde eingebettet.

Zweigdekorationen

Im Laufe des Jahres erweitert sich der Materialschatz, und die Dekorationen fallen phantasiereicher aus.
Beim Arbeiten mit Kastanien oder Eicheln nimmt man einen kräftigen Zweig, wie Birne, Korkenzieherhasel, Hartriegel. Bei leichteren Früchten eignet sich Birke oder Buche. Man erzielt eine optische Einheit, wenn an einem Zweig nur eine Fruchtart vorherrscht. Sie wird in immer neuen Variationen mit verschiedenen Materialien umklebt, es entsteht jedesmal eine andere Blüte. Immer aber bleibt das Grundmotiv dominierend, wie zum Beispiel die Eichel oder Mohnkapsel.
Natürlich entdeckt man auf Reisen oder Blumenmärkten exotische Fruchtstände, Blüten, Zapfen. Sie erweitern den Sektor der Naturschönheiten und geben viele interessante Kombinationsmöglichkeiten. Ich verwende gern die einzelnen Blütenteile, erst dann erkennt man den Zauber der Formenvielfalt in der Natur.
Ist das Auge beim schöpferischen Gestalten erst einmal geschult, gelingen auch symbolische Zusammenstellungen:
Reis als Symbol für Fruchtbarkeit, Schilfrohr für langes Leben, Iris als Symbol des Frühlings, Samenherzen des Flaschenkürbis und das Kapkörbchen für Liebe, Glück, Tannengrün für Hoffnung, Beharrlichkeit.

Die vielfach gewundenen Zweige des Korkenzieherhasel kommen am besten mit einer zierlichen Dekoration zur Wirkung.

Zarte Ranken passen gut in eine Bambusvase.

Von einer Reise brachte ich **Ikebanaschalen** mit. Auf bizarrer Korkenzieherhaselrute geben die Blüten aus Kirschkernen einen faszinierenden Anblick. Sie sind etwas schwierig herzustellen, da man an runden Flächen kleben muß. Es ist wichtig, daß beide Seiten mit Klebstoff benetzt und erst nach dem Antrocknen aneinandergereiht werden. Um eine beliebige Kapsel als Blütenmitte herum zieht man die Kernreihe zum Kranz und verbindet beides miteinander. Rosa Eukalyptusfrüchte an den Zweigspitzen und die roten Zungen der Salvienblüte verleihen dem Gesteck Ausdruck.
Die hellen Pilze als Manschette am oberen Rand der **Bambusvase** geben einen gefälligen Rahmen. Dazu rundet man die Baumpilze passend zur Va-

senfläche ab und setzt sie etwas schräg an.
Um den Stielansatz der Mohnkapseln klebt man geschwungene Lindensamenflügel, die Köpfchen bleiben als Staubgefäße. Bei der Knospe zeigen die Blattspitzen zur Mohnplatte, während bei offenen Blüten die Flügelspitzen nach unten zeigen.
Falls der natürliche Stiel zu kurz ist für das Arrangement, bohrt man ein Loch in die Kapsel und steckt sie auf einen Zweigstiel. Hartriegel oder Buche lassen sich gut dazu anspitzen.
Die blaue Bergdistel gibt den Kontrast zu den ruhigen Blumenköpfen vom Mohn. Irisknospen mit Hopfenblättchen strecken nach außen. Die Blätter der Eiche sollten möglichst mit Blattstiel sein und in eine Richtung zeigen. Das gibt eine fließende Linie und deutet die Windrichtung an. Ich benutze keinen Draht, alles verwendete Material muß aus der Natur sein!
Aus einer **Keramikschale** wächst ein Buchenzweig mit Blüten der Physalis hervor. Er steht auf einem Blumenigel. Die Lampions lassen sich leicht anordnen, indem man sie einfach auf die Zweigspitze steckt, sie werden mit Klebstoff fixiert. Für variable Zusammenstellungen schneidet man die frisch geernteten Lampions bis zum Fruchtboden in fünf Blätter oder nochmals auf der Mittelachse in schmale Streifen. Zum Trocknen (es geht rasch, zirka 1 bis 3 Tage) füllt man die Hohlräume mit Stanniolpapier- oder Seidenpapierbällchen aus. Der saftige Kern trocknet ein, oder man entfernt ihn gleich.

Mit getrockneten Blumen lassen sich nicht nur Ton-in-Ton-Arrangements gestalten, sondern auch farbenfrohe Dekorationen.

Grundsätzlich sei erwähnt: Bei der Lampionblume muß man mit allmählichem Ausbleichen der leuchtenden Farbe rechnen, wenn die Dekoration dem Licht ausgesetzt wird.

Recht kontrastreich wirken die weißen Strohblumenblüten (man nennt sie auch Kapblumen) an den Verzweigungen und die silbrigen Ochsenzungenblätter.

Die **Eicheln** an den Zweigspitzen sind rasch aufgesteckt. Sie werden angebohrt und mit Klebstoff versehen. Zwei Kerne der Sonnenblume oder Melone verdecken den Ansatz.
Immer neue Impulse kommen beim Gestalten der Blütenformen, zum Beispiel ergeben Buchenkapseln einzeln oder aufgeschnitten plastisch wirkende Blüten. Man schnitzt sie unten quer, passend zur Eichelrundung. Auch Kirschkerne, Apfelkerne, Melonenkerne, Proteablütenbögen und Rhododendronstielchen fügt man mit Phantasie zu Blumenköpfen zusammen, immer in Verbindung mit der Eichel, die ja dominierend bleiben soll.
Die großen Chrysanthemenblüten sind sehr einfach zu arbeiten: Offene Kiefernzapfen werden entsprechend der Zweigstärke von unten ausgehöhlt. Es erfordert reichlich Klebstoff auf beiden Teilen und eine längere Aushärtungszeit, bevor man den schweren Zapfen aufsetzen kann. In die Schuppenzwischenräume klebt man nun Lindensamenflügel.
Eine hübsche Kombination ergeben Zapfen der Traubenbuche, kleine Kiefernzapfen, Kastanien. Man sollte sich beschränken auf möglichst eine Blütenart an einem Zweig, die man variierend wiederholt, dann wirkt der Zweig wie natürlich gewachsen. An den äußeren Zweigspitzen kleben Iriskelche mit Bärenklaukelchblättern.
Der Dekorationszweig steckt in einer Vertiefung im Pilz. Trotzdem benötigt er zusätzlichen Halt durch eine Perlonschnur, die an einem kleinen Nagel an der Wand befestigt wird.

Filigrane Modelle

Einige Besucher meiner Ausstellungen brachten mir von Zeit zu Zeit interessante Funde aus dem Garten oder von Reisen mit.
Der Wunsch, eine **Libelle aus skelettierten Blättern** zu versuchen, ließ mir keine Ruhe. Ich fand Magnolienblätter in meinem Sortiment, die mir für die typischen, weit ausladenden Flügel der Libelle geeignet erschienen.
Ein Holzstab wurde mit Wildleder überzogen, und dann mit Pfauenfederstreifen umwickelt.
Ein Tip: Nur Stück für Stück mit einer Stecknadel Klebstoff auf die zarte Feder auftragen und sofort spiralförmig festkleben (keinen Draht verwenden).
Ein Kopf einer ausgeblühten Kokardenblume sitzt vorn am Stab mit Schotenaugen. Die Nackenpartie ist verstärkt mit fellähnlichen Blättern der Protea. Sechs Beine, geknickt aus Rhododendronfruchtstengeln, wurden rechts und links des Leibes angeordnet.
Zum Schluß bekam die Libelle die Flügel und schwebt nun auf einem Zweig, der in einen kleinen Baumpilz eingelassen wurde, geschmückt mit silbergrauen Kugelproteen.
Alle verwendeten Materialien wurden geklebt, und zwar mit dem elastischen Kontaktkleber Rudolfix 333.

Skelettierte Magnolienblätter als Flügel geben der freischwebenden Libelle ihre typische Transparenz.

Im Gegensatz zu industriell skelettierten Filigranblättern zeigen die von Hand gereinigten Blätter noch Spuren der Pergamenthaut. So ergeben sich von selbst Zeichnungen auf den Flügeln. Bei **Schmetterlingen** kann man noch mit skelettierten Ulmenblättern oder Proteafäden Akzente setzen. Auch kleine Hirsekörner, als Schnur gelegt, eignen sich zur Nachzeichnung der Flügelstruktur.
Den Rücken des Schmetterlings beklebte ich mit Samenfäden der Clematis. Eine Lindenfruchtkapsel nahm ich als Kopf mit Storchenschnabelsamen als Fühler.

Dieser Schmetterling wirkt wie mit Gold besprüht, aber dieser Effekt entstand durch den Lichteinfall.

Rechts: Die auf der Zweigspitze wippende Libelle hat als Kopf eine Steineichelhülle mit Clematisfäden, die andere einen Blütenboden der Kokardenblume.

Deutlich erkennt man hier die Einzelteile, aus denen die Biene zusammengesetzt wird.

Diese nachgestaltete Biene wirkt sehr natürlich. Nur ist sie etwas größer, ungefähr 8 cm.

In einer Zeitschrift fand ich eine vergrößerte Abbildung einer **Biene.** So konnte ich den Körperbau und die einzelnen Körperglieder genauer betrachten.
In meinem Sammelmaterial aus der Natur suchte ich nach ähnlichen Formen. Als Hinterleib nahm ich einen schlanken Zapfen, davor als Oberkörper eine Fruchthülle der Jungfer im Grünen. Durch den kugeligen Boden als Ansatzfläche ergibt sich optisch der Tailleneinschnitt. Nach dem Zusammenkleben wurde noch eine flache Steineichelhülle aufgesetzt. Diese Vorderteile beklebte ich ringsherum mit Fäden der Clematisfrucht, einzeln nebeneinander, ebenfalls die obere Partie des Leibes.
Für die metallisch glänzenden Hinterleibsringe waren Pfauenfederstreifen passend. Die Augenplatte schnitt ich aus einer Distelfrucht, die Augen sind Phyllanthuskerne. Als Fühler kann man Samenstiele des Storchschnabels oder die Deckspelzen des Hafers verwenden. Die sechs Beine schnitt ich vom ausgeblühten Rhododendron ab, diese Blütenstengelchen brechen nicht so leicht. Sie wurden ebenfalls mit Clematis bedeckt und seitlich der Biene eingesetzt. Die Flügel, entweder vom skelettierten Blatt der Lampionblume oder dem der Magnolie, lassen die Biene natürlich erscheinen.
Zur Dekoration fertigt man beliebig viele Bienen und setzt diesen Schwarm dann auf echte Wabenzellen. Oder man kauft im Hobbyladen Bienenwachsplatten mit Wabenmuster. Daraus läßt sich gut ein Bienenstock nachgestalten.

Bei diesen Ulmensamenblättern blieb nur das filigranartige Skelett mit dem Samenkern erhalten.

Auf dem dunklen Grund der **Bildkarte** hebt sich das Filigran des Ruskus besonders gut ab. Ich legte den Zweig in die Mitte der Pappe, das aufstrebende Ruskusblatt umrahmte ich mit einem Bogen des Weidenröschenfruchtstandes zur Blüte. Kleinere Blätter ergaben Knospen, untersetzt von roten Kelchblättern eines Zierstrauches (Ahornart). Der Halbkreisbogen wiederholt sich und führt zur Harmonie des Ganzen. Auf mittelbraune Pappe geklebt, entstand eine effektvolle Umrahmung.
Es bedarf also nur weniger Mittel, die Schönheit der Natur bildnerisch darzustellen.

Zarte Gebilde aus Blüten und Blättern

Beim Arbeiten mit den getrockneten Tulpenblättern erkannte ich deutlich die Parallelität von Flächenzeichnungen und Färbungen zu den Flügeln der **Schmetterlinge.** Ich schaute mir Abbildungen aus der Fauna an. Der Rostbär (untere Abbildung) zeigte genau dieselben Farben und Linien auf den Flügeln wie einige Tulpenblätter sie haben. Nur die schwarzen Punkte setzte ich aus Samenkornhüllen auf die Vorderflügel und korrigierte mit der Schere die Blattform zur Flügelform. Dann klebte ich die Flügel unter ein Holzstäbchen und bedeckte es mit Blatteilchen. Nun noch einen Lindensamen als Kopf mit Fühlern vom Storchschnabelfruchtträger angeklebt, und der Rostbär ist flugreif.
Auch die Moderholzeule (obere Abbildung) ist in der Natur fast identisch mit unserer Nachbildung. Die Fühler sind hier aus Staubgefäßen der Tulpe.
Als Ausgangsmaterial für den Eichenspinner (mittlerer Schmetterling) ist das im Spätherbst gesammelte Ginkgoblatt wie geschaffen in Farbe und Form. Die Blätter werden über Nacht in eine Glyzerin-Wasser-Lösung (Verhältnis: 1:2) gelegt und dann getrocknet; so bleiben sie elastisch.
Für die Flügel klebte ich Streifen von hellen Tulpenblättern unter. Die Punkte aus Stockrosensamen waren rasch aufgesetzt, ebenso die Fühler aus schmalen Schilfrohrblättchen. Zwei geschnittene Streifen von Ginkgoblättern bedecken den Rücken des Eichenspinners, der aus einem etwa 7 cm langen Holzstäbchen besteht, besorgen Sie sich hierfür am besten Schaschlikspieße.

Das gegebene Material bei den **Tischkarten** sind nur wenige Staubgefäße verschiedener Tulpenarten. Zur Auflockerung nahm ich einige Statizekelche, Tagetessamen, Fruchtblätter der Schleifenblume und zum Abrunden des Ornaments die geschwungenen Weidenröschenbögen.
Beim Kleben immer nur wenig Klebstoff an nur einen Punkt der zarten Stiele geben und dann sofort auf die Karte setzen. Falls doch etwas Klebstoff hervorglänzen sollte, kann man ihn nach dem Trocknen mit der Stecknadelspitze vorsichtig unterschieben oder abheben.
Tischkarten werden von Gästen gerne als Erinnerung mit nach Hause genommen. Will man sie aber mehrmals verwenden, schneidet man für den Namen einen 1 cm breiten Streifen aus gleichfarbigem Karton und knickt ihn an einer Seite um. So kann er vor der Karte aufgestellt werden.
Ein zweites Beispiel, Staubgefäße zu verarbeiten, zeige ich bei den floralen Mustern auf **Schmuckbriefkarten.** Einige violette Krokusblätter, Moosteilchen und Buchsbaumblätter genügen zum Gelingen eines formschönen Aufbaues.

Österliche Dekorationen

In Bastel- und Kunstgewerbeläden gibt es Hasen, Hähne, Hühnchen und Vögel in Flachform aus Sperrholz zu kaufen. Die Figuren werden zu lustigen Geschenken, wenn man ihnen ein buntes Gefieder oder Fell überzieht aus Körnern oder Schoten.
Für den niedlichen **Osterhasen** wählte ich Lupinenschoten; die samtige Oberfläche eignet sich am besten zur Darstellung des Hasenfells.
Zuerst beklebte ich die Ohren, dann die Kopfpartie mit dem Auge aus Wikkensamen und die Schnauze aus dem Deckblatt des Phyllanthus. Gebogene Schoten deuten die Körperrundungen an. Um die Fellstruktur zu verstärken, legte ich pelzige Platanenfruchtstiele und einige Schilfrohrspitzen dazwischen.
Zwei rivalisierende **Hähne** stehen sich Auge in Auge gegenüber. Auf den Schnabel ist eine Salvienblütenspitze aufgesteckt, Kamm und Koller wurden aus Blättern der Berberitze geschnitten. Beim rechts abgebildeten Hahn folgt eine Reihe Reiskörner, als Kopfputz ein Büschel von der Pompondistel. Nun schließt sich eine Reihe Kapkörbchensamen an. Das Auge bildet ein Same der Perlhyazinthe. Darunter kommen zwei Reihen Honigmelonenkerne, eine Reihe Kapkörbchensamen, eingefaßt rechts und links von einem Samen der Kornblume. Eine Reihe Reiskörner erkennt man, dann Melonenkerne und Kornblumensamen; in der unteren Reihe wieder Kapkörbchensamen.
Die »Hosen« bestehen aus je ½ Fruchthülle der Kornblumenkapsel, die Beine aus je einem Tagetessamen, die Krallen aus Rhododendronsamenstengelchen.
Der Schwanz wächst aus ½ Kornblumenkapsel heraus: In Bögen gelegte Tagetessamen, Pompondistelblättchen, Schilfrohr- und Weidenröschenbögen lassen einen bunten, schwingenden Schwanz entstehen.
Den Hals des links abgebildeten Hahns belegte ich mit Samen der Kornblume. Für den Körper eignen sich gut Teile der Pompondistel und Lavendelblüten.
Die Flügelandeutung, aus Blättern und kleinen Schuppen der Silberdistel gelegt, bildet den Übergang zum hinteren Schwanzteil aus Proteablüten, ausgefüllt mit Silberdistelblättern und Pompondistelblüten.
Die **Hühnchen** sind in der gleichen Weise gestaltet. Kamm und Koller bestehen aus Berberitzenblättern, der Schnabel aus gelben Tulpensamen und das Auge aus Schotensamen. Der Vorderkörper des rechts abgebildeten Hühnchens zeigt Samen der Kokardenblume, anschließend abwechselnd Tagetessamen und Kokardenblumensamen. Für die Schwanzfedern habe ich Weidenröschenbögen ausgesucht.
Beim links abgebildeten Hühnchen ist eine Salvienblüte über den Schnabel gestülpt. Den Kopf schmücken Lavendelblüten, Kornblumensamen und Reiskörner. Der Körper setzt sich zusammen aus senkrecht gelegten Pompondistelblütenteilchen und Strohblumenblättchen. Auf dem Schwanzteil kleben Lavendelblüten, Strohblumenblätter und Weidenröschensamen.

Ein alter Brauch zur Osterzeit ist das Bemalen von Eiern. Diesmal wählte ich die Klebetechnik mit dem Klebstoff Rudolfix 333, um Muster auf den Eiern zu fixieren.
Am **Korkenzieherhaselzweig** hängen Holzeier mit Verzierungen aus den verschiedensten Samenkörnern. Es macht viel Freude zu sehen, wie die Muster sich entwickeln. Der Phantasie sollte man dabei freien Lauf lassen.
Zum Arbeiten stellt man das Ei am besten zunächst in einen Eierbecher und beginnt mit der Gestaltung um die Aufhängeschnur herum. Kommt man zur Mitte, legt man das Ei vorsichtig quer oder auf einen passenden Untersatz.
Beim Kleben dieses feinkörnigen Materials ist zu beachten, daß immer nur kleine Eisegmente mit der Stecknadel benetzt werden. Die jeweiligen Samen brauchen keinen Klebstoff, sie werden sofort eingesetzt. Erst nach dem Antrocknen dreht man das Objekt zum Weiterführen der Musterlinien, sonst läuft man Gefahr, daß alles verrutscht.
Ganz reizend sehen Taubeneier aus, mit Senneschoten und Leinsamen spiralförmig beklebt. Auch Wachteleier beleben die Dekoration. Sie haben ihre Musterung schon von Natur aus, aber man kann Akzente setzen aus Statize oder mit Federn vom Wellensittich.
Bei dem einzelnen **Osterei aus Holz** dient der obere Ring aus kleinen Lindenköpfen zum Verdecken des Aufhängefadens. Daran schließt sich ein Kranz aus Strohblumen-Blütenblättern an. Unter jedem Strohblatt steht ein Apfelkern senkrecht, in seinen Zwischenräumen ein Melonenkern. Den Mittelring ziert ein Kranz von Minimohnkapseln, umstellt mit weißen Hirsekörnern als Blüten. Nun folgt eine Kette quergelegter Leinsamenkerne, dann als Wiederholung je eine Reihe Apfelkerne und Strohblumen-Blütenblättchen. Die untere Eispitze hat eine Rosette aus Apfelkernen, in der vier Leinsamenkerne stecken.

Die ausgeblasenen **Hühnereier mit den zierlichen Sträußchen** sind auch zu anderen Jahreszeiten eine hübsche Dekoration und ein willkommenes Geschenk.
Zuerst befestigt man eine Angelschnur im oberen Auspusteloch: Ein kleines Hölzchen verknotet man an der Angelschnur und steckt es, mit Klebstoff benetzt, in das Ei. Eine Rosette rundherum, gesetzt von beliebigen Kernen, verstärkt die Befestigung und verdeckt die Ansatzstelle. Das senkrechte Oval legte ich mit Schuppen des Bambuspalmzapfens.
Für die Sträußchen wählte ich eine Fruchthülle der Brennenden Liebe, Paprikasamen, Statize, Pompondistelteilchen, Gräser, Paprikablüten und Schleierkraut. Die Schafgarbe dient zum Füllen des Arrangements.
Zum Kleben dieser winzigen Materialien gehört etwas Geschick. Nur die Stielenden werden mit einem Tropfen Klebstoff benetzt.
Eine Besonderheit ist das **transparente Entenei.** Ein Student fertigte es folgendermaßen: Mit elektrischen Bohrern stach er Herzchen und reizende Lochmuster hinein.

Flächengestaltungen bei gedrechselten Holzobjekten

Nicht nur für die Ausschmückung von Frühlingsfesten braucht man Ideen. Eine Fülle von Anregungen für die verschiedenen Feste über das ganze Jahr findet man bei den gedrechselten Objekten aus Kunstgewerbeläden. Sie sind entweder in Naturholz belassen oder in brauner Tönung gebeizt und mattiert, um einen wirkungsvollen Grundton zu erzielen.
Beim Bekleben mit matten Samenkörnern sollte man auf das Glanzlackieren der Flächen verzichten. Die Naturmaterialien werden sonst überstrahlt, und es wirkt dann leicht kitschig. Nach dem Aushärten des Klebstoffs wird lediglich ein schützender Zaponlack aufgepinselt. Hat man rot grundierte Modelle gekauft, müssen helle Samen zur Musterung ausgesucht werden. Sehr festlich wirken Reiskörner, Paprikakerne, Stockrosensamen. Der Schnabel des kleinen **Vogels** leuchtet natürlich gelb; er besteht aus nebeneinander geklebten Staubgefäßen der Tulpe. Der Kamm wird aus einer getrockneten Salvienblüte zugeschnitten. Die Rückenpartie verziert man mit Tagestessamen und Hirsekörnern. Als Flügelandeutung klebt man in der Ansatzrundung entweder Kornblumensamen oder Mohnsamen und läßt die Flügel- und Schwanzflächen mosaikartig auslaufen mit Einzelblättern der Pompondistel oder Strohblume. Sie werden mit einer Pinzette ausgezupft. Zum festen Stand bringt man den Vogel auf ein Borkenstück oder eine Hälfte der Kastanienhülle.
Bei dem **Kerzenständer** gab die Holzmaserung das Muster an. Mit

Tannennadeln, Reiskörnern und Apfelkernen zeichnete ich die Linien nach. Um einen besseren Stand für die Kerze zu erzielen, klebt man oben noch eine Steineichelhülle mit der Wölbung nach unten auf. So wird auch verhindert, daß Wachstropfen auf die Dekoration fließen.

Der **Kutscher** bekommt einen Kopfkranz aus Hirsekörnern, der Kragen besteht aus Proteablütchen, die Knöpfe sind Stockrosensamen. Die Standrosette wurde mit Apfelkernen beklebt.

Den oberen Rand der **Schubkarre** zieren kleine Melonenkerne. An den Seiten blühen Reiskornblüten in dunklen Silberlingssamen. Haferspelzen- und Hirsekörner folgen an den Seiten entlang aufgereiht und Rosetten von Stockrosensamen am Rand.

Die Lehnen des **vorderen Schlittens** entstehen durch senkrecht gestellte Proteastiele, sie werden an der Sitzfläche befestigt. Eine Sitzdecke ist aus Proteastielen quer über die Holzleisten gelegt. Die Lampen sind aus Kornblumensamenhüllen, die Kufen aus Schuppen des Bambuspalmzapfens.

Die Sitzdecke des **hinteren Schlittens** besteht aus Wickensamen. Beide Seitenlatten sind beklebt mit Stockrosensamen, auch die Kufen. Unter den Lampen sitzt je ein Wachsblumenstern.

Die **Holzpferdchen** bekamen eine Blesse von Apfelkernen, Stockrosensamen oder Leinsamen. Die Mähne aus Haferspelzen, Proteastielen oder Rhododendronblättchen klebt man schuppenartig von unten am Hals nach oben. Eine Satteldecke entsteht aus Lavendelblüten, Hirsesamen, Stockrosensamen, Kapkörbchen. Als Fransen eignen sich Pompondistelteilchen, Haferkörner, Tagetessamen, Rhododendronfruchtstiele. Auf eine Franse gibt man einen Steigbügel aus Bärenklausamen.

Die **Räder** bekommen einen Kranz von Lavendel, Melonenkernen, Stockrosensamen, Apfelkernen, oder man bewirft sie einfach mit Hirse.

Den Körper des **Maikäfers** aus ½ Akanthusfrucht versieht man mit Flügeln, die aus der anderen Hälfte oder einer zweiten Frucht geschnitten werden. Ein Kopf aus einer Vogelbeerfrucht oder einer Lindenfrucht ist rasch davorgesetzt mit den Fühlern vom Haferstiel. Kleine, gebogene Füße befinden sich schon an der holzigen Kapselachse, aber man kann noch bis zur naturgegebenen Anzahl von anderen Kapseln ergänzen.
Für die **Ente** bohrt man an der unteren Mitte einer Eichel zwei Löcher nebeneinander. Hier werden die Beinchen aus Rhododendronblütenstielen eingesteckt. Den Hals nahm ich von der Frucht einer Brennenden Liebe, den Kopf darüber von einer Kornblumenhülle. Die Schnabelform schneidet man aus der Salvie, desgleichen die Schwimmfüße; die Flügel, Seitenbedeckung und Schwanzpartie stammen von der Baumwollfrucht.
Wie alle Tiere, so wirken die **Käfer** besonders lustig in der Gemeinschaft von mehreren Artgenossen in variabler Stellung. Ich plazierte fünf Käfer auf einem Borkenstück. Der eine steht fast auf dem Kopf. Rechts außen sieht man eine Lampionhülle, die in zehn Teile aufgeschnitten wurde. Steht die Physalis im vollen Sonnenlicht, muß man mit dem allmählichen Verblassen der roten Farbe rechnen, wird sie aber einige Monate im Dunkeln aufbewahrt, hält sie sich sehr lange farbgetreu.
Für die Käfer wird die noch weiche, frische Laternenblume in den Blattrippen aufgeschnitten. Es entstehen fünf zusammenhängende Blätter, die

Kleine Flieger

nach hinten gebogen werden. Die rote Kirschfrucht bildet vorn den Kopf. Das mittlere Blatt läßt man als Leib unten, darüber werden die Seitenblätter gekreuzt geklebt und die Flügel bindet man lose darüber in der gewünschten Lage fest. Nach ungefähr zwei Tagen schon sind sie soweit getrocknet, daß sie in der Stellung verharren.
Am Kopf müssen noch die Fühler aus Haferstielchen angebracht werden. Die Beine aus Rhododendronfruchtstengeln lassen sich leicht biegen und befestigen.
Bei den kleinen **Sperlingen** wählte ich eine schlanke Eichel für den Leib (Spitze der Eichel nach hinten zeigend). In die Mitte der Unterseiten bohrt man zwei Löcher etwas schräg nebeneinander ein für die Schrittstellung der Beine aus Rhododendronstengeln. Je drei Zehen bleiben als Fuß am Stengel stehen und man paßt nun die Beine ein, so daß der Vogel stehen kann.
Der Kopf ist eine Frucht der Weigelie mit kleinem Stielansatz als Schnabel. Mit den Kelchspitzen als Halsansatz klebt man die Weigelienfrucht vorn auf die Eichel, so daß der Schnabel etwas zur Seite zeigt; das unterstreicht die natürliche Haltung des Kopfes. Nach Belieben setzt man noch einen Hahnenkamm. Zwei schöne Federn als Schwanz befestigt man übereinander an der Unterseite des Leibes, so daß der Schwanz »optimistisch« in die Höhe zeigt.

Kleine Käfer lassen sich rasch aus Fruchtschalen gestalten.

Eine flachgedrückte Baumwollfrucht eignet sich wunderschön als Entenkörper.

So wenige Materialien benötigt man für einen kleinen Sperling.

Das Katz- und Mausspiel

Beschäftigt man sich intensiver mit kreativen Gestaltungen aus Naturmaterialien, so entdeckt man im Laufe der Zeit – fast wie von selbst – im Umgang mit Baumfrüchten, Samenhüllen, Blütenblättern Tiergestalten und Detailformen. Die Begeisterung wächst, wenn beabsichtigte Figuren beim Montieren Gestalt annehmen. Außerdem ist dieses Hobby sehr lehrreich, denn es stellen sich viele Fragen in bezug auf Proportionen, Körperformen und -haltungen. Das Sehen wird somit auf spielerische Weise geschult.
Bei meinen Tierszenen bemühe ich mich, die einzelnen Wesen möglichst lebendig wirken zu lassen. Das erreiche ich überwiegend durch die Kopfhaltung und Beinstellung.
Auch die Umgebung soll weitgehendst dem natürlichen Lebensbereich entsprechen, beispielsweise werden Vögel auf Zweige oder in Nester gesetzt, Käfer auf Baumborken oder in Moospolster, Schmetterlinge „flattern" an montierten Blüten.
So wählte ich als Standfläche für das Katz- und Mausspiel einen flachen Baumpilz. Der hochgestellte zweite Baumpilz deutet das Versteck an. Einige Kornähren und Früchte des Pfaffenhütchens sollen zeigen, daß dies der heimliche Futterplatz der Katze ist.
Der zweite Baumpilz wurde mit Hilfe einer kleinen Säge in der Form angepaßt und aufgenagelt. Die Ähren und Früchte habe ich angeklebt.
Auch die **Katze** wurde auf der Pilzschrägung festgeklebt, damit sie nicht weggleiten kann.

Um eine möglichst naturgetreue Nachbildung zu erzielen, beklebt man eine Kastanie dicht mit Samenbüscheln der blauen Clematisfrucht. Sie setzen sich bis über den Schwanz fort. Er besteht aus einem geschwungenen Baumzweig, der unter der Kastanie befestigt wurde. Als Gliedmaßen sind Schuppen eines Zapfens geeignet, ebenfalls mit Clematisfäden bezogen. Weiße Pfoten aus halbierten Weidenkätzchen schauen hervor.
In den Vorderpfoten hält die Katze eine Maus gefangen. Der Kopf der Katze ist eine Frucht der Jungfer im Grünen, dicht nebeneinander mit Clematisfäden bezogen. Die Ohren aus gebogenen Kardamomfruchtblättchen gleichen sich gut ans Köpfchen an. Große Augen schauen aus dem Stern der Porzellanblüte. Ein schwarzer Kern als Pupille wird obendrauf gesetzt.
Ein Weidenkätzchen ist so recht geschaffen für einen **Mäuse**körper. Der Kopf aus Lindensamen, zwei Ohren der Fruchtkapsel des Storchschnabels und der Stiel davon als Schwanz haben die richtigen Proportionen für die Maus. Kleine Pfoten von Rhododendronfruchtstengeln vervollständigen die Schöpfung.

Tiere sollten immer als Paare oder Gruppe gestaltet werden. Eine naturgetreue Umgebung läßt sie noch lebendiger erscheinen.

Der Märchenpilz

Aus drei großen Baumpilzen entstand der Märchenpilz. Die Baumpilze wurden passend gesägt, aneinandergefügt und auf eine Baumscheibe genagelt. Auf einen Birkenstamm lose aufgelegt, kann man das Arrangement von allen Seiten betrachten, indem man die Scheibe auf dem Baumstamm dreht. Die entstandenen Ansatzlinien der Pilze kaschiert man mit Moos, Gräsern und kleinen Erlenzapfen; so wirken sie wie natürlich gewachsen.
Der Pilz wird belebt durch Märchengestalten, verschiedenem Kleingetier und Phantasieblüten. Schier unendliche Variationsmöglichkeiten eröffnet uns die Naturbetrachtung.
Der Körper des kleinen **Waldmännchens** wird durch einen kleinen Zapfen symbolisiert. Die Spitze kürzt man so weit, daß man Füße ansetzen kann. Für den Kopfansatz schrägt man den Zapfen ein wenig ab und setzt einen Eichelkopf hinein. Haare aus Tagetessamen oder von Moosflechten und Schleifenblumensamenblättchen charakterisieren den entsprechenden Typ.
Als Körper der **Schildkröte** eignet sich die Hälfte einer Walnußschale. Für den Kopfeinsatz schabt man eine kleine Rundung aus der Schale heraus und setzt dort – schräg nach oben schauend – einen Mirabellenkern ein. An der Innenseite gibt man dem Kern Halt durch das Gegensetzen von zwei Apfelkernen. Die vier Füße aus je zwei Doppelblättchen vom Rhododendronfruchtstand klebt man in Kriechhaltung an der Innenseite der Walnußschale unter. Der Schwanz ist eine Zapfenschuppe.

Der zarte **Schmetterling** auf der unteren Mitte des Märchenpilzes hat Flügel aus den Blättern eines Zierstrauchs. Sie wurden auf ein Rhododendronfruchtblatt geklebt. Als Kopf dient eine Samenkugel und als Fühler Haferstielchen.

Der schwarze **Mistkäfer** besteht aus einem Samenteil der Woodrose. Die Mittellinie deutet ein Pfauenfederstreifen an. Der Kopf ist aus einem rotschwarzen Schotenkern, die sechs Beine von Stielen des Rhododendronfruchtstandes.

Was sonst noch kreucht und fleucht auf diesem Märchenpilz wurde auf den vorhergehenden oder wird auf den folgenden Seiten beschrieben.

Zapfenmenagerie

Hier zeige ich, wie man aus einfachen und mit wenigen Mitteln Tiere – ja sogar einen großen Zoo – gestalten kann.

Der Körper eines **Spechtes** läßt sich durch einen Kiefernzapfen darstellen. Ein zweiter Zapfen versinnbildlicht den Kopf. Die Spitze wird in die unteren Zapfenschuppen geklebt. Vorn am Kopf schiebt man einen langen Schnabel aus einem abgenagten Tannenzapfen ein. Für den Schwanz nimmt man ebenfalls einen von Eichhörnchen bearbeiteten Zapfen. Die Füße deutet man an mit Schuppen eines Pinienzapfens. Ein Schopf aus Schilfrohrblättchen schmückt den Specht.

Der Körper des **Affen** besteht aus einem kleinen Zapfen der Fichte oder Nordmanntanne. Den typischen Kopf entwickelte ich aus der Platanenfruchtkugel. Sie wird von der harten Samenschicht befreit, es bleibt eine pelzige Kugel übrig. Für die Kinnpartie schälte ich von der Hälfte einer zweiten Kugel auch noch die pelzige Schicht ab. Da kam eine feste Porenplatte zum Vorschein, die gerade passend schien für den Unterkiefer. Der Bart ergab sich aus der stehengelassenen Pelzhälfte. Das Maul kann man andeuten mit einem schmal geschnittenen Deckblatt einer Fruchthülle. Augen sind entweder Samenkerne oder kleine Stempelplatten der Malve. Die Wülste darüber schnitt ich aus Samenscheiben der Malve (Stockrose). Die Ohren lassen sich von der Kardamomkapsel abteilen und in Form biegen. Arme und Beine liefern die Lupinenschoten. Hände und Füße sind halbierte Kornblumensamenhüllen.

Der Kopf- und Halsteil des **Pferdes** besteht aus einem geschwungenen Magnolienzapfen. Der Stielansatz ergab, zugespitzt, das Gesicht und Maul. Einen plastischen Ausdruck bekamen die Augen durch den Phyllanthussamen mit Deckblatt darüber als Lid. Eine Zapfenschuppe hängt über der Stirn. Ohren aus Bucheckernkapselblättern stehen aufrecht in den Schuppen. Die Mähne aus einzelnen Proteafäden wurde schuppenartig von unten am Hals nach oben eingefügt. Der Körper aus einem Fichtenzapfen mit Proteaschwanz ist schnell angesetzt. Die Hüften bestehen aus je ½ Magnolienzapfen, daran schließen sich die Schenkel aus je ¼ Kastanienhülle an mit Hufen aus Eichelhüllen. Die Vorderbeine bekamen ihre schmalere Form durch Aneinandersetzen von je ¼ Kastanienhülle im Winkel mit den Eichenhüllenhufen.

Für den **Hirsch** wird ein Zapfen der Douglastanne quer gelegt als Rumpf, zum Ansatz des Halses schrägt man einen schmalen Tannenzapfen ab. Dem Zypressenkopf werden an der schmalen Seite drei Eichelhüllen als Nasenpartie und Augen aus Apfelkernen mit Paprikasamen und Pfaffenhütchensamenschalen aufgeklebt. Bucheckernkapselblättchen ergeben die Ohren. Als Geweih wirken stattlich die Blätter der Silberzweigstaude. Die Schenkel werden aus Kastanienhüllen zugeschnitten. Daran verlängern in beliebiger Geh- oder Stehhaltung die Acanthusdistelnmittelachsen die Läufe. Die Klauen sind aus Schuppen des Bambuspalmzapfens.

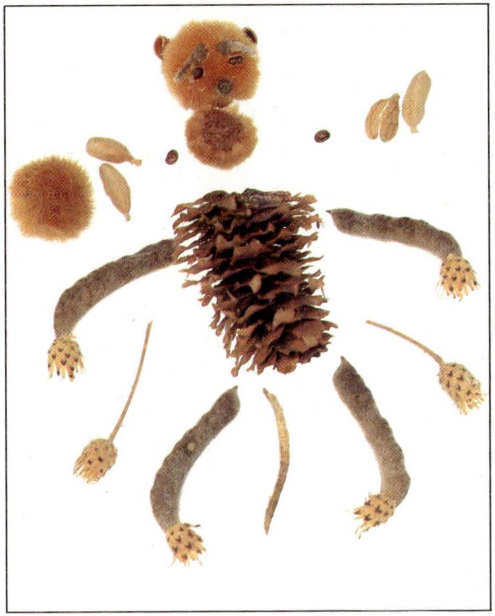

Eine vorjährige, geschlossene Bucheckernkapsel dient als Körper für die **kleine Eule.** Will man die geschlossene Kapsel von neuer Ernte benutzen, muß man sie sofort festbinden, da sie sonst im warmen Raum die Blättchen öffnet. So gefesselt dauert die Trocknung eine Woche und länger. Sind die Bänder gelöst, kann man die Augen aus zwei kleinen Eichelhüllen aufsetzen. Zwischen den Augen muß ein Zwischenraum für den Schnabel bleiben. Er besteht aus einer kleinen Buchecker.

Die Augenwülste aus Bucheckernblättchen klebt man an den oberen Rand der Eichelschale. Als Andeutung der Füße eignen sich Bucheckernblätter, mit den Spitzen nach vorn gestellt. Will man Flügel anbringen, schneidet man je ein Blatt der Bucheckernkapsel passend für den Schulteransatz und klebt sie dort an. Auf dem Foto haben alle Eulen unterschiedliche Augen. Von links nach rechts:

1. Fruchtboden der Stockrosenfruchthülle,
2. Samenteller der Ministockrose,
3. Eichelhülle,
4. Eichelhülle mit Deckblatt der kleinen Mohnkapsel.

Die **große Eule** besteht aus zwei Kiefernzapfen, jeweils mit der Unterseite nach vorne gestellt. Die Schuppen der Zapfen fassen ineinander. Ohren, Flü-

gel und Füße sind aus Zapfenschuppen geschnitten. Als Augen dienten große Steineichelhüllen mit eingeklebten Strahlenkränzen der Mohnkapseln. Augenwülste und Schnabel sind auch hier aus Bucheckern.

Für die **Heidschnuckenlämmchen** befestigt man an der schmalen Spitze eines großen Erlenkätzchens eine kleinere Erlenfrucht für den Hals und eine dritte, eventuell auf Kopfrundung gestutzt, darüber. Ohren aus der Pfaffenhütchenkapsel oder aus Phyllanthusdeckblättchen sind in passender Größe auszusuchen. Als Beine eignen sich gut Tulpenstempel. Der Schwanz kann ein beliebiges Stielchen oder vom Rhododendron sein.

Bei dem **großen Hasen** wurde ein großer Pinienzapfen als Körper mit einem Kiefernzapfen als Kopf verbunden. Für die Schnauze kürzt man die nach vorn schauende Zapfenspitze etwas und setzt einen Zapfenabschnitt, mit der Schnittfläche nach vorn, davor. Die Augen aus Steineicheln klemmt man zwischen die Zapfenschuppen. Die langen Löffel des Hasen können aus festen, getrockneten Blättern bestehen oder, wie in dieser Abbildung, aus exotischen Schoten hochstehen.
Die Zapfenarme müssen etwas abgeplattet an den Schultern eingesetzt werden. Die Beine zum Sitzen klebt man vorn vor den Pinienzapfen. Eine kleine »Blume« aus einem Lärchenzapfen stützt den Körper von hinten. Unser Modellhase hat auch noch einen Tragebeutel umgehängt. Er besteht aus zwei Kastanienschalenstücken und einer kleinen Kordel.
Der rechts hockende **Junghase** hat noch einen flauschigen hellgrauen Körper. Diesem entspricht am besten ein Zapfen von einem afrikanischen Nadelbaum. Als Schnauze wurde ein kleiner Kiefernzapfen umgekehrt vorgesetzt. Die Augen sind hier getrocknete Gartenmohnkapseln mit dem Strahlenkranz nach vorne. Für die Extremitäten verwendete ich gleiches Material wie beim großen Hasen. Auch die langen Löffel sind Schoten.

Schachfiguren

Jede Figur steht auf einem etwa 2 cm hohen Podest aus einem Astabschnitt. Für die schwarzen Figuren wählte ich Haselrute, für die weißen Birke. Die Spielplatte besteht aus Holz, bezogen mit Korkquadraten. Die dunklen Felder wurden eingefärbt. Den Rand ringsherum ziert eine Borde aus Steineicheln.

Der **König** hat als Körper einen Zapfen der Nordmanntanne. Der Steineichelkopf bei der weißen Figur ist umsetzt mit einem weißen Melonenkernkragen. Der schwarze König legte einen Kragen aus Bucheckernblättchen um. Die stattliche Krone wurde aus Rhizinushüllblättchen gefertigt und die Hände aus Blättern der Bucheckernkapsel geschnitzt. Letztere schiebt man zwischen die Zapfenschuppen. Einen Reichsapfel aus einer runden Fruchtkapsel gab ich ihm in die Hand.

Die **Dame** hat einen Mohnkapselkopf mit Haaren aus Rhododendronsamen und einem Diadem aus den Sternen der Porzellanblume. Um den Hals klebte ich ihr einen Kragen aus Bucheckernblättchen.

Der **Läufer** aus einem Douglasfichtenzapfen hat eine Passe aus einem kleinen Kiefernzapfen. Der Eichelkopf sitzt quergelegt darauf. Die Arme sind in Laufbewegung nach vorn und hinten gerichtet. Wild verwehte Haare aus Tagetessamen schauen unter der Eichelhüllenmütze hervor.

Den Zapfen des **Turms** haben die Eichhörnchen schon abgenagt. Man sieht, wie die Schuppen des Zapfens wendeltreppenartig angeordnet waren. Eine Podesterhöhung bekam der Turm durch drei Steineichelhüllen, die übereinander geklebt sind.

Den **Springer** stellte ich durch ein Pferd dar. Ein kleiner Fichtenzapfen als Hals wird aufrecht auf einer Holzscheibe der Birke beziehungsweise der Haselrute befestigt. Die Schuppen zeigen nach unten. Für den Pferdekopf benötigt man zwei Bucheckernkapseln. Die eine klebt man mit der geschlossenen Seite am Hals fest. Von der zweiten Kapsel legt man zwei Blättchen mit der Innenseite gegeneinander und schiebt sie mit den Blattspitzen in die offene Kapsel zum Festkleben. Die übrigen zwei Blättchen der Kapsel werden etwas gekürzt und als Ohren seitwärts angebracht. Eine Blesse klebt man von 2 bis 3 Mondviolensamen, Leinsamenkernen oder Malvensamen. Die Mähne beim braunen Pferd besteht aus zahlreichen Rhododendronsamenstielchen, schuppenartig ineinandergreifend vom Hals aus hinauf zu den Ohren. Der weiße Springer hat eine Mähne aus Proteafäden. Für die Augen eignen sich Apfelkerne oder Schotensamen.

Für die **Bauern** kann man beliebige schmale Zapfen wählen. Als Kopf eignen sich Bucheckernkapseln. Die Extremitäten bestehen aus Bucheckernkapselblättern. Die Bauern der weißen Figuren bekommen einen Melonenkernkragen.

Bilder und Wandteller

Die Holzplatten der **ovalen Nostalgiebilder** werden mit Seidenmoiré bespannt und am Rand mit passender Seidenschnur umlegt. So vertieft sich der Raum zwischen Glasplatte und Rückwand des Bildes. Nun kann man die Sträußchen räumlich arbeiten. Um den kleinen Kelchen oder Zweigen Stand zu geben, empfiehlt es sich, einen Kern oder Stiel zum Anlehnen unterzusetzen. Er wird verdeckt durch die Blütenköpfchen. Bei diesen zarten Kompositionen kommen nur winzige Blüten, Teilblüten, Blättchen und Stielchen in Frage, zum Beispiel Immortellen, Stockrosensamen, Kornblumenfruchthüllen, Waldgräser, Statize, Berberitzenblätter.

Der **Wandteller** hat einen Durchmesser von 18 cm. Auf den hellen Naturholzteller legte ich einen Hirserand. Man darf nur Stück für Stück arbeiten, da die Samen nur im noch feuchten Klebstoff haften bleiben. Mit den Fruchtständen des Pfaffenhütchens setzte ich Akzente. Als Querlinien legte ich Hainbuchensamenblättchen, unterstrich die Horizontale mit geraden Linien aus gelben und weißen Hirsekörnern, darunter ziehen sich noch Proteastreifen. Die Sträußchen in der Mitte des Tellers stehen plastisch in den Raum hinein. Eine Kornblumenfruchthülle ist die Basis für die aufrechte Haltung des Pfaffenhütchens.

Die runde **Wandplatte** hat etwa 60 cm Durchmesser. Eine Sperrholzplatte wird mit einer Korkschicht beklebt. Zuerst legt man die Randreihen aus kleinen Steineicheln. Die Baumpilze werden auf der Fläche verteilt, und dann wird der Zapfenwald in die Mitte geklebt. Unterhalb des oberen Randes sind bis zum oberen Pilz Steineicheln gesetzt. Links der beiden mittleren Pilze stehen Steineichelhüllen. Vom rechten mittleren Pilz senkrecht bis zum Rand klebte ich Stockrosensamenhüllen, umstellt mit

Bucheckernblättchen. Nun schließt sich die doppelte Steineichelreihe im Schwung daran an und führt unterhalb des Pilzes zum Zapfenwald. Links kommen die braunen Blüten aus Gartenmohnkapseln mit Blättern aus Schuppen des Weymouthkieferzapfens. Wieder führt eine Steineichelreihe zur Mitte und gibt einen Abschluß. Die noch freie Ecke bis zum Rand füllen Lärchenzapfen, umstellt mit Melonenkernen zum Aufhellen.
Nun wiederholt sich das Stockrosenmuster, variiert mit Hopfenblättern. Sehr dekorativ schließen sich darunter zwei Reihen geöffneter Bucheckernkapseln mit Früchten an. Die geschwungene Steineichelreihe wiederholt sich, ebenfalls vier Blüten aus einem Zapfen der Panzerfruchtpalme, die mit Pflaumenkernen umkränzt sind. Diese Zusammenstellungen wiederholen sich ringsherum, wie die Abbildung zeigt.

Der **naturbelassene Wandteller** hat nur einen Durchmesser von 20 cm. Bei den Gestaltungsmaterialien der Wandteller kann man seiner Phantasie freien Lauf lassen. Besonders schwungvolle Linien entstehen durch Flächenaufteilungen mit Mohnsamen und Hirse. Vorsichtig bestreicht man schmale geschwungene Linien stückweise mit Klebstoff. Sofort schüttet man mit einem Löffel Samenkörner darauf, drückt sie leicht fest und läßt sie antrocknen. So verfährt man beliebig weiter mit verschiedenfarbigen Körnern. Zur Kontrolle kippt man von Zeit zu Zeit den Teller vorsichtig um, so daß das Muster sichtbar wird. Ein Nachkleben mit Hilfe einer Stecknadel wird erforderlich sein.

Durch Einsetzen einiger Glöckchen der Perlhyazinthenfrucht als »Maiglöckchen« entwickelt man neue Kombinationen.

Ein anderes Beispiel ist die Blüte aus nur einem Bucheckernblatt, das oben einige Hirsekörner als Blütenblätter zeigt. Nur wenig Material ist nötig: Einige Haferspelzen, Blättchen, Apfelkerne genügen oft, das Arrangement aufzulockern und zur Harmonie der Form zu führen.

Landschafts-arrangement

Von besonderem Reiz ist das Arbeiten einer großen Wandplatte (Seite 46/47). Sie hat die Maße 1,30 x 0,60 m. Für diese Dauerdekoration ist die mühevolle Arbeit lohnend.
Man verwendet überwiegend stabile Materialien, wie Kastanien, Baumpilze, Windbruchholz, Eicheln, Zapfen, Pflaumen-, Kirsch- und Sonnenblumenkerne, Rhododendron, Bucheckernkapseln und Früchte, die sich im Laufe der Zeit nicht mehr verändern.
Die Platte muß liegend gefertigt werden. Dabei ist zu beachten, daß sie später aufrecht hängt und eventuell figürliche Objekte, zum Beispiel Bäume, so angeordnet werden müssen, daß sie beim Aufrichten der Platte senkrecht stehen. Die Aufhängevorrichtung bringt man zuerst an, so kann man die Platte später besser hantieren.
Dann fertigt man den Rand der Platte. Das Kleben muß sehr gewissenhaft geschehen. Immer den Klebstoff am Motiv und an der Kontaktstelle auf der Platte gut antrocknen lassen, sodann mit kräftigem, aber vorsichtigem Druck aufsetzen.
Nun kann man im Innenraum nach Wunsch die Aufbaueinteilungen vornehmen.
Es versteht sich natürlich auch hier, wie bei dem Märchenpilz und den anderen figürlichen Nachbildungen, daß es sich immer auch um »Märchenproportionen« handelt. Ein Vergleich der Elefanten auf der rechten Plattenseite mit dem großen Straußenvogelkopf aus einem Astholz am oberen linken Bildrand macht dies sehr deutlich.

Gehen Sie bei Ihrer Gestaltung auf Entdeckungsreise, und phantasieren Sie Ihre Lieblingslandschaft.
Die Baumpilze schraubt man besser von der Plattenrückseite her fest. Alle anderen Materialien werden geklebt.
Einige Motive aus unserer Platte wurden schon in den vorderen Kapiteln beschrieben, zum Beispiel die Eichelvögel, die kleinen Schildkröten und die Eulen. Zur Anregung stellen wir im folgenden noch Elefanten, Waldmännchen und Meckis vor.
Die Waldmännchen haben einen Lärchenzapfen als Körper, mit den Schuppen nach unten zeigend, die Arme und Füße sind aus Buckeckernkapselblättchen. Der Eichelkopf hat Haare aus Schleifenblumensamenblättchen unter einer Bucheckernkapselmütze.
Für die **Meckis** werden Tannenzapfen zum besseren Stand an der Spitze etwas gekürzt. Eine Bucheckernkapsel wird mit der Spitze nach unten als Schnauze aufgesetzt. Die zweite Kapsel schneidet man in vier Blätter, die die Extremitäten bilden.
Der **Elefant** besteht aus zwei ganzen Bucheckernkapseln. Von der zweiten Kapsel mit dem angewachsenen Stengel (auf Rüssellänge kürzen) werden zwei Blättchen als Maul abgerundet. Die Augen aus je ½ Samenblatt der Stockrose und die Stoßzähne aus Reiskörnern gehören noch dazu, wie auch ein Schwanz von einem Kapselstengel.

Duftiger Federschmuck

Besonders farbenprächtig leuchten diese Objekte aus Federn einheimischer und ausländischer Vogelarten.
Im Vogelkäfig unserer Ziervögel, auf dem Geflügelhof, in der Zoohandlung oder beim Spaziergang durch Wald und Feld findet man mühelos viele bewundernswerte Exemplare. Die bei Lichteinfall irisierenden Farben brachten mich auf die Idee, diese Schönheiten der Natur festzuhalten auf Briefkarten, Bildern, ja sogar auf Krawatten. Es ergab sich eine Vielfalt an Ausführungen, so auch die Federblütenzweige.
Etwas Bezauberndes sind die großen Blüten von etwa 25 cm Durchmesser aus Federn ausländischer Vögel, wie Ara, Ibis, Flamingo. Alle Federn blieben **ungefärbt!** Dies betone ich, da gefärbte Federn bei Lichtbestrahlung niemals irisierend aus sich selbst aufleuchten. Dies ist der Beweis für die natürliche Feder.
Ausnahmsweise wird bei dieser Arbeit Draht verwendet. Man bindet die Federn einzeln an Blumendraht und umwickelt die Drähte dann mit feinen Wildlederstreifen.
Hübsch geschwungene, trockene **Birkenzweige** stehen bereit. Mit Federn vom blauen Wellensittich und weißen Enten – oder Gänsefedern, einigen Eichelhäherfedern, grünen Federn vom Wellensittich oder Kakadu oder rosafarbenen Flamingofedern kann man variieren. Als Ansatzfrucht für die Federn nehme ich gern kleine Mohnkapseln oder Eichelhüllen, es genügt manchmal auch schon ein Apfelkern.

Eine **Kelchblüte** entsteht, indem die Federn aufrecht unten an der Mohnkapsel herumgesetzt werden. Für die offenen Kelche sind Blattformierungen am oberen Rand, Feder an Feder, vorzuschlagen.
Wieder darf nur sparsam Klebstoff an den Kielenden verwendet werden. Will man größere Blütenköpfe herstellen, klebt man eine zweite oder auch dritte Reihe etwas größerer Federn herum. Es empfiehlt sich, zusätzlich kleine »Kelchblätter« zu setzen mit herabhängenden Federn. Sie dekken gleichzeitig die Ansatzstelle ab. Ist die Feder zu gerade, kann man mit dem Daumennagel den Kiel mehrmals nebeneinander eindrücken, dann rundet sich die Feder.
Für **Knospen** wähle ich drei gerade Federn aus und klebe sie an einen Sonnenblumenkern, so daß sich die Spitzen treffen. Recht natürlich wirken die am Kielende angesetzten geschwungenen, hängenden Federn.

Der Körper der **Schmetterlinge** ist ein Holzstab, mit Wildleder bezogen. Die Flügel werden ebenfalls aus Leder zugeschnitten, das nicht zu weich sein darf, damit die Flügel beim freien Schweben nicht herunterhängen.
Nun beginnt man, vorsichtig schuppenartig von außen nach innen zu bekleben. Die fertigen Flügel fügt man an den Mittelstab, den man anschließend mit Federn bedeckt. Der Kopf kann eine Steineichelhülle oder eine schwarze Hagebutte sein. Für die Fühler seitlich am Kopf eignen sich gut geschwungene Samenbögen des Storchschnabels oder Stiele des Hafers.
Kleinere Schmetterlinge, zum Beispiel der Zitronenfalter aus gelben Wellensittichfedern, sind ein sehr hübsches Gastgeschenk.
Zum Aufhängen benutzt man transparente Perlonschnur. Nun kann der bunte Schmetterling frei schweben oder an der Wand auf einem Zweig sitzen.

Bei den **Kranichen** begann's mit dem Schnabel. Er ist eine zugespitzte Feder. Eine gestreifte Wellensittichfeder wird als Kopf dagegen, ein Schopf aus einer Goldfasanfeder daraufgeklebt. Der schöne Körper ist eine einzige Feder von einem exotischen Vogel. Die Kraniche stehen auf Beinen aus zarten Zweigen in Wellen aus blauen Wellensittichfedern.
Fasanenfedern faszinieren besonders mit ihrem metallischen Glanz: Bei dem stolzen **Federhahn** ist es ratsam, sich einige Anhaltspunkte für die Proportionen zu zeichnen. Den großen, nach hinten weisenden, Seitenflügel klebt man mit längshalbierten Federn. Eine Goldfasanfeder glänzt als Lichtreflex. Die Halspartie legt man schuppenartig von unten nach oben. Die aufrechte Kopfhaltung ergibt sich durch Übereinanderlegen der Federn und den senkrechten Kamm mit Koller. Sehr protzig hochgeschwungen, erhebt sich der Schwanz, teils aus rundgelegten Pfauenfedern, Fasanenfedern und dazu Goldfasanenfedern.

Die Verbindungsfedern zum Hals werden vorsichtig untergeschoben: Man hebt mit der Stecknadel die schon vorhandene Feder etwas an. »Hosen«federn, Stockbeine und Krallen aus Rhododendronsamenstielen sind rasch daruntergesetzt.
Will man den Hahn einrahmen, braucht er ein dickes Passepartout, da die Krallen ja hervorstehen.
Ein großes **Federmosaik als Tischplatte** unter Glas gelegt, löst immer wieder Begeisterung aus. Die Farben des Fasans schimmern wechselnd in vielen Tönen.
Ich bespannte eine Holzplatte (im Durchmesser 70 cm) mit einem beigefarbenen Wildleder. Vor dem Arbeiten werden die Flaumteile der Federn abgeschnitten, so daß nur die glänzenden Deckfedern übrigbleiben.
Man beginnt vom äußeren Rand aus mit dem Kleben und arbeitet zur Mitte hin. Vorsicht, nur an der untersten Federschaftspitze mit einer Stecknadel Klebstoff auftragen. Die Federn müssen lose schuppenartig übereinandergreifen.
Zur Aufmunterung des Musters legte ich einige Reihen Bucheckernblättchen zwischen die Federreihen und ließ einige Stellen des Wildleders frei von Federn als ruhige Fläche.

Eigenwilliges Muschelleben

Strandgut sammeln kann für große und kleine Leute zur Leidenschaft werden. Das Vergnügen und die Erinnerung bleiben noch lange Zeit, wenn man mit Muscheln, Schnecken, Seeigeln, Seepferdchen, Sand, Steinen und anderen aufgelesenen, natürlichen »Abfallprodukten« Urlaubserlebnisse oder Phantasiewesen gestaltet. Frauen vom Fischmarkt, Segelboote, Pinguine, Möwen, Schildkröten, Seeblumen und Schmetterlinge – alles wird mit dem Kleber haltbar »zum Leben erweckt«.

Die lustigen kleinen Wesen entwickeln sich zu einer Gesamtdekoration vor einer Fächerkoralle aus der Karibik. Das filigrane Netzgezweig beleben Reiskornblüten, Apfelkernblüten, Sternanis und Muschelschmetterlinge.

Festliche Adventsstimmung

Bei diesem **Adventsleuchter,** der mit verschiedenen Distelarten in Naturfarbtönen geschmückt ist, stehen die Lichterpunkte frei in den Windungen der Baumwurzel. Die Teelichter liegen in ausgehöhlten Holzzylindern, sie werden umhüllt von skelettierten Kürbisblättern. Für die Blütendekoration bohrt man Löcher in die Wurzel. Darin werden die Stiele gesteckt und geklebt.

Für das **elegante Arrangement** wird als Basis eine ovale Holzscheibe benötigt. Darauf nagelt man ein mit Draht umwickeltes Moospolster, hierin finden die Kerzen, Tannenzweige und das getrocknete Pflanzenmaterial sicheren Halt. Die weißen Blüten sind montiert.

In eine Eichel bohrt man ein Loch für den Blütenstiel vom Hartriegelbusch (kein Draht!). Als Staubgefäße werden zuerst entweder Lindensamen oder Proteabögen angeklebt. Die an sich steifen Samenblätter der Bootsschote kann man mit feuchtem Finger runden. Die seidenartigen Blätter ordnet man nach Belieben um die Eichel. So entstehen rosenähnliche Neuschöpfungen. Jungfer im Grünen als Knospen schauen dazwischen hindurch. Im Vordergrund gibt eine Kastanie mit Silberdistelblättern den Farb- und Formenkontrast. Als Bänder rollen sich Schoten. Rechts und links strecken Bootsschoten elegant das Gesteck.

Sehr beliebt in der vorweihnachtlichen Zeit sind **Adventspyramiden.** Haselruten biegt man zum Kranz rund und fesselt sie mit starkem Bindfaden. Der Trocknungsprozeß dauert mehrere Wochen! Dann entfernt man das Band und schrägt die Enden der Ruten zum Kleben ab, eventuell wird ein Nagel notwendig sein. Vor dem Aufstellen der Objekte wird die Rute an den Ansatzpunkten abgeflacht.
Für die Figuren kauft man Kegel, Kugeln und Holzglocken aus dem Bastelladen. Die Glocken tragen die Kerzen, befestigt auf Wachsplättchen. Kleben Sie kleine Rosetten oder Ornamente aus beliebigem Material auf. Es sollten alle Glocken verschieden sein. Die Reiskornblüte wird wohl immer als eins der Motive gewählt werden.
Zum Ausschmücken des Kranzes stellt man Bäume aus Bucheckernkapseln oder Zapfen, auch Fruchtstände der Schleifenblume und Porzellanblumenblüten zwischen die Figuren.

Um die drei Glasscheiben im Winkel aufstellen zu können, fräste mir der Tischler Nuten in ein passend zugeschnittenes, etwa 2 cm starkes Brett ein.
Die Glasplatten werden fest in die Nuten eingeklemmt. Sie haben die Maße 22 x 18 cm.
Ein Tip: Vorsicht beim Kleben! Bei transparentem Material glasklaren Klebstoff verwenden, sonst garantiert Rudolfix 333 für Haltbarkeit! Möglichst dort fixieren, wo sich Stiele oder Blattränder überschneiden, und nur an einem Punkt kleben, nicht die ganze Fläche.
Auf der Mittelscheibe steht links aufrecht ein Ruskus-Filigranblatt mit schmalem Tulpenblatt. Daneben stützen sich drei violettgelbe Tulpenblätter fächerartig vom unteren Rand ab. Aus deren Mitte erhebt sich ein Spitztulpenblatt, das ein Ginkgoblatt mit zwei luftgetrockneten, gebogenen Tulpenblättern hält. Es schließt sich ein zweites Ginkgoblatt an das Tulpenblatt an. Den Freiraum zum unteren Rand füllen herzförmige Samen des Indonesischen Tulpenbaumes in transparenter Haut.
Zwei Statizekelche stehen anmutig als Farbfleck am unteren Rand und unterstreichen das Gelb des dritten Ginkgoblattes daneben, das mit einer Tulpenblattspitze gefüllt ist. Ein Filigranblatt der Magnolie steht aufrecht am Ende der Reihe. Ein Judassilberlingblatt füllt den Raum darüber und läßt das vierblättrige Kleeblatt deutlich erkennen. Der Bogen darüber wurde vom Tulpenblatt geschnitten und gibt dem Magnolienblatt Halt.

Ein Herbarium

Daneben rankt sich eine Phantasieblüte aus Tulpenblättern und »Tropfen« des Indonesischen Tulpenbaumes empor. Auf der violetten Blattspitze steht wie eine Blüte das apart wirkende weiße Samenblatt der Bootsschote. Die seidenartige Transparenz zeigt zarte Adern im Gegenlicht, strahlenförmig vom Kern in der Mitte ausgehend. Beendet wird die Glasfläche rechtsseitig von einem Filigranblatt, sie sitzen an den Staubgefäßstengeln der Amaryllis. Ein violettes Krokusblatt schließt im Bogen zum Rand hin ab.
In der Mitte oben arrangierte ich als Blüte einen gepreßten Fruchtstand der Clematis. Daneben links dann wieder das seidige Samenblatt der Bootsschote auf der Blattspitze der Spitzblattulpe. Das zart geäderte violette Krokusblatt daneben kommt im Gegenlicht gut zur Geltung. Filigranblätter der Magnolie und Ulme ordnete ich darunter an, sie schließen das vierblättrige Kleeblatt vor einem Tulpenbogen und der dritten Bootsschotenblüte ein.
Auf dem rechten Seitenflügel kamen neu hinzu die Berberitzenknospe mit dem Blütenglöckchen des Perlhyazinthenfruchtstandes, ferner das rote runde Blatt der Geranie und der Enzian. Ein großes Rosenblatt in der unteren Reihe (das seine runde Form beim Trocknen in Salz behielt) und die Lampionblume als skelettiertes Gewebe geben Abwechslung in der Linienführung.
Bei der linken Glasplatte wiederholen sich die Blattarten, diesmal etwas großflächiger angelegt.

Geschnitzte Fruchtschalen

Eine Besonderheit ist die geschnitzte **Orange.**
Wenn sie ganz ausgetrocknet ist, wird sie federleicht. Dann kann man sie an Perlonschnüren aufhängen, zum Beispiel zur Osterzeit einzeln an kahle Zweige des Korkenzieherhasel oder als Weihnachtskugeln in den Tannenbaum. Binden Sie einmal mehrere dieser Orangen zu einer Traube zusammen, und hängen Sie diese, mit einer hübschen Schleife versehen, als Blickfang an die Fensterscheibe.
Nicht mit allen Apfelsinen gelingt die Trocknung. Es müssen frische, feste, fleckenlose Früchte sein. Nun fährt man mit einem Linolschnitzmesser, das ja eine halbrunde Schneide hat, in Bögen oder geraden geometrischen Linien auf der Orange entlang. Arbeiten Sie auch mit verschieden breiten Klingen, um einige Muster besser betonen zu können. Auf keinen Fall darf die weiße Haut verletzt werden; also nicht zu tief schneiden, sonst blutet die Orange aus. Das erfordert etwas Übung, macht aber sehr viel Spaß.
Die fertige Orange wird am besten im Netz hängend bei häufigem Wenden getrocknet. Der Trocknungsprozeß dauert Monate, bis aller Saft verdunstet ist. Dann ist die Orange jahrelang haltbar und eine hübsche Zierde.

Für jeden etwas...

Praktische Gebrauchsbücher stehen Ihnen, lieber Leser, mit Rat und Information zur Seite, wenn es darum geht, Fragen des täglichen Lebens zu beantworten.
Die hervorragende Sachkenntnis und die verständliche Sprache unserer Fachautoren sind ebenso selbstverständlich wie die sorgfältige Ausstattung unseres großen Buchprogramms.
Damit bietet Ihnen der Falken-Verlag Bücher zum Lesen und Nachschlagen, mit denen Sie Ihr Leben aktiv und erfolgreich gestalten können.

Trockenblumen und Gewürzsträuße
(Best.-Nr. 5084) DM 12,80

Kleingebäck
(Best.-Nr. 5089) DM 11,80

Phantasieblumen
(Best.-Nr. 5091) DM 12,80

Brotspezialitäten
(Best.-Nr. 5088) DM 11,80

Köstliche Suppen
(Best.-Nr. 5122) DM 11,80

Glasritzen
(Best.-Nr. 5109) DM 14,80

Exotisches Obst und Gemüse
(Best.-Nr. 5114) DM 12,80

Das Herbarium
(Best.-Nr. 5113) DM 16,80

Kalte Happen und Partysnacks
(Best.-Nr. 5029) DM 11,80

Zimmerbäume, Palmen und andere Blattpflanzen
(Best.-Nr. 5111) DM 16,80

Hobby Holzschnitzen
(Best.-Nr. 5101) DM 14,80

Kinder lernen spielend kochen
(Best.-Nr. 5096) DM 11,80

Das neue Hundebuch
(0009) Von W. Busack, überarbeitet von Dr. med. vet. A. Hacker, 104 S., zahlreiche Abb. auf Kunstdrucktafeln, kart., DM 8,80

Mietrecht
Leitfaden für Mieter und Vermieter
(0479) Von Johannes Beuthner, 196 S., kart., DM 12,80

Scheidung und Unterhalt
nach dem neuen Eherecht
(0403) Von Rechtsanwalt H. T. Drewes, 104 S., mit Karten und Unterhaltstab., kart., DM 7,80

Der neue Briefsteller
(0060) Von I. Wolter-Rosendorf, 112 S., kart., DM 5,80

Die erfolgreiche Bewerbung
(0173) Von W. Manekeller, 152 S., kart., DM 8,80

Reden zum Jubiläum
Musteransprachen für viele Gelegenheiten
(0595) Von Günter Georg, 112 S., kart., DM 6,80

Knobeleien und Denksport
(2019) Von Klas Rechenberger, 142 S., viele Zeichnungen, kart., DM 7,80

Kinder und Jugendschach
Offizielles Lehrbuch zur Erringung der Bauern-, Turm- und Königsdiplome des Deutschen Schachbundes.
(0561) Von B. J. Withuis und Dr. H. Pfleger, 144 S., 11 s/w-Fotos, 223 Abb., kart., DM 12,80

Spiele für Kleinkinder
(2011) Von Dieter Kellermann, 80 S., kart., DM 5,80

Hydrokultur Pflanzen ohne Erde – mühelos gepflegt
(4080) Von Hans-August Rotter, 120 S., 67 farbige und s/w-Abb. sowie Zeichnungen, geb., DM 19,80

Tennis
Technik – Taktik – Regeln
(0375) Von Harald Elschenbroich, 112 S., 81 Abb., kart., DM 6,80

Wie soll es heißen?
(0211) Von Dr. Köhr, 88 S., kart. DM 5,80

Beliebte und neue **Kegelspiele**
(0271) Von Georg Bocsai, 92 S., 62 Abb., kart., DM 4,80

So lernt man leicht und schnell Maschinenschreiben
Lehrbuch für Selbstunterricht und Kurse
(0568) Von Jean W. Wagner, 80 S., 31 s/w-Fotos, 26 Zeichnungen, kart., Spiralbindung, DM 19,80

Poesiealbumverse
Heiteres und Besinnliches
(0578) Von Anne Göttling, 112 S., 20 Abb., Pappband, DM 14,80

Hochzeitszeitungen
Muster, Tips und Anregungen
(0288) Von Hans-Jürgen-Winkler, mit vielen Text- und Gestaltungsanregungen, 116 S., 15 Abb., 1 Musterzeitung, kart., DM 6,80

Von der Verlobung zur Goldenen Hochzeit
Vorbereitung – Festgestaltung – Glückwünsche
(0393) Von Elisabeth Ruge, 120 S., kart., DM 6,80

Bruce Lees Kampfstil 2
Selbstverteidigungs-Techniken
(0486) Von Bruce Lee, M. Uyehara, 128 S., 310 Fotos, kart., DM 9,80

Schmetterlinge
Tagfalter Mitteleuropas erkennen und benennen
(0510) Von Thomas Ruckstuhl, 156 S., 136 Farbfotos, kart., DM 16,80

Falken-Handbuch Pilze
Mit über 250 Farbfotos und Rezepten
(4061) Von Martin Knoop, 276 S., 250 Farbfotos, 28 Zeichnungen, gbd., DM 36,–

Ziervögel
in Haus und Voliere
Arten · Verhalten · Pflege
(0377) Von Horst Bielfeld, 144 S.,
32 Farbfotos, kart., DM 9,80

Beeren und Waldfrüchte
erkennen und benennen –
eßbar oder giftig?
(0401) Von J. Raithelhuber, 136 S.,
90 Farbfotos, 40 s/w., kart., DM 16,80

Arzneikräuter und Wildgemüse
erkennen und benennen
(0459) Von J. Raithelhuber, 140 S.,
108 Farbfotos, kart., DM 14,80

Tee
Herkunft · Mischungen · Rezepte
(0515) Von Sonja Ruske, 96 S.,
4 Farbtafeln, viele Abbildungen,
Pappband, DM 9,80

Herrenwitze
(0589) Von Georg Wilhelm, 112 S.,
11 Zeichnungen, kart., DM 5,80

Selbst Brotbacken
mit über 50 erprobten Rezepten
(0370) Von Jens Schiermann, 80 S.,
mit 6 Zeichnungen und 4 Farbtafeln,
kart., DM 6,80

Kalorien · Joule
Eiweiß · Fett · Kohlenhydrate
tabellarisch nach gebräuchlichen
Mengen
(0374) Von Marianne Bormio, 88 S.,
kart., DM 5,80

Zimmerpflanzen
(5010) Von Inge Manz, 64 S.,
98 Farbabb., Pbd., DM 11,80

Die 12 Sternzeichen
Charakter, Liebe und Schicksal
(0385) Von Georg Haddenbach,
160 S., gbd., DM 9,80

Möbel aufarbeiten, reparieren und pflegen
(0386) Von E. Schnau-Lorey,
96 S., 104 Fotos und Zeichnungen,
kart., DM 6,80

Liebeshoroskop für die 12 Sternzeichen
Glück und Harmonie mit ihrem
Traumpartner.
Alles über Chancen, Beziehungen,
Erotik, Zärtlichkeit, Leidenschaft.
(0587) Von Georg Haddenbach, 144 S.,
12 Zeichnungen, geb., DM 6,80

Einkochen
nach allen Regeln der Kunst
(0405) Von Birgit Müller, 96 S.,
8 Farbtafeln, kart., DM 6,80

Die besten
Tierwitze
(0496) Herausgegeben von
Peter Hartlaub und Silvia Pappe,
112 S., 25 Zeichnungen, kart., DM 5,80

Bodybuilding
Anleitung zum Muskel- und
Konditionstraining für sie und ihn
(0604) Von Reinhard Smolana, 160 S.,
172 Fotos, kart., DM 9,80

Moderne Schmalfilmpraxis
Ausrüstungen · Drehbuch · Aufnahme
Schnitt · Vertonung
(4043) Von Uwe Ney, 328 S., mit über
200 Abb., teils vierfarbig,
gbd., DM 29,80

Windsurfing
Handbuch für Grundstein und Praxis
(5028) Von Calle Schmidt, 64 S.,
über 50 Abb., durchgehend vierfarbig,
Pbd., DM 11,80

Reiten
vom ersten Schritt zum Reiterglück
(5033) Von Herta F. Kraupa-Tuskany,
64 S., mit vielen Zeichnungen und
Farbabb., Pbd., DM 12,80

Gitarre spielen
Ein Grundkurs für den Selbst-
unterricht
(0534) Von Atti Roßmann, 96 S.,
1 Schallfolie, 150 Zeichnungen,
durchgehend zweifarbig,
kart., DM 19,80

Bauernmalerei
leicht gemacht
(5039) Von Senta Ramos, 64 S.,
78 vierfarbige Abb., Pbd., DM 11,80

Gestalten mit Salzteig
formen · bemalen · lackieren
(0613) Von Wolf-Ulrich Cropp, 32 S.,
56 Farbfotos, DM 6,80

Formen mit Backton
trocknen · backen · bemalen
(0612) Von Angelika Köhler,
32 S., 51 Farbfotos,
Spiralbindung, DM 6,80

Moderne Fotopraxis
Bildgestaltung · Aufnahmepraxis ·
Kameratechnik · Fotolexikon
(4030) Von Wolfgang Freihen, 304 S.,
mit 244 Abb., davon 50 vierfarbig,
Balacron mit vierfarbigem Schutz-
umschlag, abwaschbare Polylein-
prägung, DM 29,80

Falken-Handbuch Videofilmen
Systeme, Kameras, Aufnahme,
Ton und Schnitt
(4093) Von Peter Lanzendorf, 288 S.,
8 Farbtafeln, 165 s/w-Fotos,
25 Zeichnungen, geb., DM 36,–

Hobby Seidenmalerei
(0611) Von Renate Henge, 88 S.,
106 Farbtafeln, Mustervorlagen,
kart., DM 19,80

Falken-Handbuch Heimwerken
Reparieren und Selbermachen
in Haus und Wohnung –
über 1100 Farbfotos. Sonderteil:
Praktisches Energiesparen
(4117) Von Thomas Pochert, 440 S.,
1164 Farbfotos, 100 ein- und
zweifarbige Abb., geb., DM 49,–

Balkons in Blütenpracht
zu allen Jahreszeiten
(5047) Von Nikolaus Uhl, 64 S.,
82 vierfarbige Abb., Pbd., DM 12,80

Leben im Naturgarten
Der Biogärtner und seine
gesunde Umwelt
(4124) Von Norbert Jorek, 128 S.,
68 s/w-Fotos, 15 Farbtafeln,
kart., DM 12,80

Moderne Korrespondenz
(4014) Von H. Kirst und W. Manekeller,
570 S., gbd., DM 39,–

Die hier vorgestellten
Bücher sind nur eine
Auswahl aus unserem großen
Ratgeber- und Sachbuch-
programm.
Bitte fordern Sie unser
kostenloses Gesamt-
verzeichnis an.

Falken-Verlag GmbH · Postfach 1120
D-6272 Niedernhausen/Ts.

Die Frau als Hausärztin
(4072) Von Dr. med. Anna Fischer-
Dückelmann, 808 S., 16 Farbtafeln,
174 Fotos, 238 Zeichnungen, DM 58,–

Kalte Platten
(4064) Von Maître Pierre Pfister,
240 S., 135 großformatige Fotos,
gbd., DM 48,–

Backen
(4113) Von Margrit Gutta, 240 S.,
123 Farbfotos, geb., DM 48,–

Das Aquarium
Einrichtung, Pflege und Fische
für Süß- und Meerwasser
(4029) Von Hans J. Mayland, 334 S.,
über 415 Farbfotos und Farbtafeln,
150 Zeichnungen, geb., DM 39,–

Katzen
Rassen · Haltung · Pflege
(4216) Von Brigitte Eilert-Overbeck,
96 S., 82 großformatige Fotos,
Pbd., DM 19,80

Salate
(4119) Von Christine Schönherr,
240 S., 115 Farbfotos, geb., mit vier-
farb. Schutzumschlag, DM 48,–

Hunde-Ausbildung
Verhalten – Gehorsam – Abrichtung
(0346) Von Prof. Dr. R. Menzel,
96 S., 18 Fotos, kart., DM 7,80

Faszinierende Formen und Farben
Kakteen
(4211) Von Katharina und Franz Schild,
96 S., 127 großformatige Farbfotos,
Pbd., DM 19,80

Falken-Handbuch Astrologie
Charakterkunde – Schicksal, Liebe
und Beruf – Berechnung und
Deutung von Horoskopen-
Aszendenttabelle
(4068) Von B. A. Mertz, mit einem
Geleitwort von Hildegard Knef,
342 S., mit erläuternden Grafiken,
gbd., DM 29,80

Heiltees und Kräuter für die Gesundheit
(4123) Von Gerhard Leibold, 136 S.,
15 Farbtafeln, kart., DM 12,80

Falls durch besondere Umstände Preisänderungen notwendig werden,
erfolgt Auftragserteilung zu dem bei der Lieferung gültigen Preis.